Country Guit
Easy C

Adrian Gavinson

ADRIAN GAVINSON

Copyright © 2019 Adrian Gavinson

All rights reserved.

Country Guitar For Beginners: Easy Country Licks

WELCOME

Welcome to this essential book of country licks for guitar.

ADRIAN GAVINSON

CONTENTS

1. Introduction (1)

2. Reading Tabs (15)

3. What are Chords? (21)

4. Strumming & Picking (29)

5. Elements of Country Guitar (32)

6. Easy Country Licks (39)

ADRIAN GAVINSON

Country Guitar For Beginners
Easy Country Licks

Chords Used in this Book
[*use as reference*]

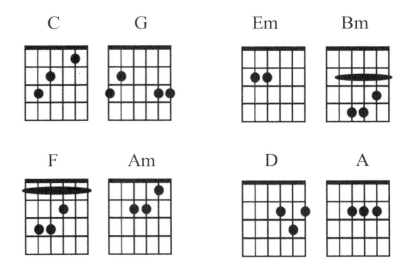

INTRODUCTION

Welcome to country guitar! Congratulations on selecting the most incredible of all stringed instruments - the acoustic guitar - which revolutionised pop and rock music and changed the world of music. You too can start a legacy as a musician and hopefully, this book will prove to be a useful tool and invaluable starting point.

This book has two goals: to get you started with country guitar and to provide you with an extensive range of beginner country licks and riffs to start out with. If you follow every lesson and instruction from each chapter, you'll have a head start in your guitar learning.

Before playing a single note though, we have to tune up. Tuning the guitar takes time and patience especially when starting out. With months and years of experience, you'll be able to tune without the help of a tuner. A point that must be emphasised right from the start is that tuning has to be absolutely precise. Don't settle for an approximation. In this way, once you've tuned each string, go back and ensure the strings are in tune a second time before playing.

Every song in this book uses what we call **standard tuning**. Standard tuning is the basic guitar tuning that most players use. It is the tuning which the guitar was built to hold and withstand. In heavier genres like the many varieties of metal and some forms of punk, alternate tunings are used. These include drop tunings like Drop D and Drop B. These are not relevant in a beginner's guide to the acoustic guitar, but it is useful to be aware of their existence nonetheless.

Standard Tuning is:

      E   **A**   **D**   **G**   **B**   **E**

We tune the guitar from the low string (E) to the high string (E). The lowest E is the one nearest to you. This is also the thickest string. There are some great youtube videos with tuners which let you match the note. Alternatively, you could purchase a guitar tuner which fits on the headstock of the guitar and ready to go. However, in this day and age, it's more practical to just find a free tuner online and tune up before playing.

Now that you are in tune, let's take a look at the components of the acoustic guitar. Getting to know your instrument is the most important step that you can take when beginning your guitar journey. This is for health and safety and also for the reason that when you understand the ins and outs of your instrument, you can proceed to having a better comprehension for how to get the best sound out of it.

On the next page, we have an annotated diagram of an acoustic guitar with labels so that you can see what's what. Acoustic guitars are one of the three main guitar types: electric, acoustic and classical. Of course, hybrids of the instruments exist but traditionally, these are the three varieties. Nowadays, most major guitar manufacturers have an electronic EQ system built into acoustic guitars with a pickup. These are electro-acoustic guitars and are extremely useful when in concert or recording through an interface.

Acoustic Guitar

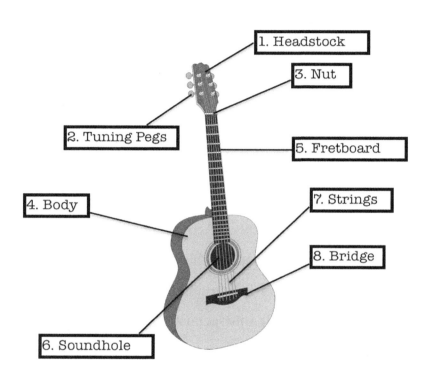

———————————Index———————————

1. Headstock

The function of the headstock is to contain the tuning pegs and is where we tune the guitar. It also is designed to balance the instrument's weight appropriately with the neck and body. The headstock is where you will typically find the name of the brand of your instrument.

The headstock is a fragile part of the guitar which you should avoid knocking or hitting at all costs. This point cannot be emphasised enough. Damage can vary from your guitar no longer staying in tune to a dented neck or even fret and nut problems. Any of these will cost you a lot of money, especially since luthiers are not cheap nowadays and if your guitar cost a lot, you'll be looking at further charges. It's best to take precautionary measures and look after your instrument. Purchase a gig bag or case for all transportation.

2. Tuning Pegs

There are six tuning pegs on the guitar, one for each string. Just like its electric counterpart, the tuning pegs are extremely sensitive and so when you are tuning your instrument, especially if you got your instrument new with no setup and loose strings, be extremely cautious as guitar strings snap HARD if you tune incorrectly and are careless. Tune each peg slowly, turning them progressively - never in quick motions.

3. Nut

The nut is often overlooked and some players do not take into consideration just how pivotal this little bit of material really is. The nut is the linking point between the strings, bridge and headstock. It contains six individual slits where the strings sit on. Damage to the nut is as bad as damage to the headstock, if not worse. What you must appreciate as a guitarist is that while the nut seems futile, those individually spaced slits have been measured apart in a precise way down to the last millimetre. It is actually one of the most strenuous and laborious aspects of the craftsmanship that goes into fabrication of the instrument. When replacing strings, take your time and if you are ever unsure, have them replaced by your local music shop. Better to be safe than sorry.

4. Body

The most prominent feature of your guitar: its wonderful body. Look after it and ensure to dust it from time to time. Dust culminates a lot on the body's outer rim, the headstock and underneath the strings. Just like with any part of the instrument, ensure no physical damage occurs on it and love your instrument like you love any other personal expensive property.

5. Fretboard

The fretboard is the actual part of the instrument that your notation is played on. If you are right-handed, your left hand navigates this part of the instrument. Ensure the frets (individually lined notes) are not sharp and are smooth. If there are any issues, make sure to address them professionally before playing as injuries are frequent in poorly constructed and set up guitars. Most guitar stores will be able to sort out minor issues. The fretboard sits on the neck which your hand grasps as you play.

6. Soundhole

The sound hole is pretty self explanatory. It's where sound emits out of the instrument when played. On acoustic guitars, it's where many people accidentally drop their picks into (**'*plectrum*'** for our lovely British and Australian readers). Nonetheless, be sure that nothing is inside the sound hole as this can impair performance and the overall sound of your instrument.

7. Strings

Let's now talk about the strings of the guitar. There are so many different types of acoustic guitar string. We recommend always going for mid-range strings that emphasise the warmth of the instrument. However, only you know what sounds best for your style of playing. Just be sure to ask a guitar store employee if you are not sure about what strings to use/are appropriate for your guitar. One particular variety which has become popular in recent years is the phosphor bronze coated kind. These strings are long lasting and have a beautiful ring to them which makes your guitar sound like twice its price point and can enhance your playing, even if you're starting out.

Be aware that your strings should never feel too tight against the fretboard of the guitar. There should be an ease where you are able to press down on each fret and bend the strings a little bit. A maintenance tip is to purchase a guitar cleaning kit. These are inexpensive and usually contain conditioner. Keeping your strings clean is essential for hygiene and a crisp sounding instrument. Alternatively, use a duster and dab a small amount of water on a tea towel to regularly clean your fretboard and strings.

Changing your strings:

1. Unscrew the pins from the bridge of the guitar. In order to do this, you'll need a universal guitar set-up appliance.

2. Remove the old strings but pushing them up from under

the bridge. On the headstock end, untie and unwind the strings and with precaution, pull them out.

3. Wipe down your instrument with a cloth to get rid of dust and prepare for the new strings.

4. Insert the ball end of the new strings into the sockets of the bridge. Put the pins in right away and securely fasten by pushing down and ensuring the string won't pop out.

5. Insert the sharp end of the strings into their respective tuning pegs and tune with precaution.

8. Bridge

The bridge is what holds the strings in place on the opposite end of the guitar to the headstock. Don't mess around with this part of the instrument as much like the other components which involve maintaining correct string tension, it is extremely delicate. You might note that the strings come out of holes in the bridge. This is normal and when you learn to string the guitar yourself, you'll find out better how the mechanism works.

In essence, each string has a ball on the end. You unscrew are tied in a knot on the bridge and unlike guitars, there are no pinned 'slots' in the bridge where you can insert strings into easily. This means that changing strings is not something you should try at home unless you are proficient in ukulele string replacement. Ask a guitar or music shop to do this for you when you do eventually buy new strings.

READING TABS

The housekeeping is out of the way and you are ready to learn how to play guitar. In this section, we will be tackling chords but before getting into chord shapes and where to place your fingers, we need to address how guitarists read music.

```
E|--------------------------------------------|
B|--------------------------------------------|
G|--------------------------------------------|
D|--------------------------------------------|
A|--------------------------------------------|
E|--------------------------------------------|
```

This diagram above is a 'tab', short for tablature and it is what we use in guitar music to indicate where we should place our fingers and what note to play. The E at the top of the diagram is the high string of the guitar and the E at the bottom is the low E and so, tabs are read from the bottom up and not the top up. The number on the string indicates the fret we play on the fretboard. Therefore, a '0' indicates that we are to play an open string without pressing on the fretboard. The diagram above shows how we tune a guitar: by playing each string open to match the E A D G B E standard tuning.

Another example:

```
E|-------------------------------------------------|
B|-------------------------------------------------|
G|-------------------------------------------------|
D|---------------3---------------------------------|
A|---------------3---------------------------------|
E|---------------1---------------------------------|
```

In the above diagram, we see that the G, B and high E strings are not in use so we DO NOT play them. The chord above is called an F power chord which means it is a short version of the long F chord. This is our first chord.

Step 1: Place your index finger on the first fret of the low E string.

Step 2: Place your ring finger on the third fret of the A

string.

Step 3: Place your pinky on the third fret of the D string.

Step 4: Strum (with your right hand) the top three strings being careful not to play the high three.

This is a power chord and the shape that your fingers are in can be transposed anywhere on the fretboard to create different power chords, which are essential for riffs, which we will come to later.

Moving the same shape up from the first fret to the third fret creates a G power chord. It looks like this:

```
E|----------------------------------|
B|----------------------------------|
G|----------------------------------|
D|------------------5---------------|
A|------------------5---------------|
E|------------------3---------------|
```

The E power looks like this:

```
E|---------------------------------------------|
B|---------------------------------------------|
G|---------------------------------------------|
D|------------------2--------------------------|
A|------------------2--------------------------|
E|------------------0--------------------------|
```

The A power chord looks like this:

```
E|---------------------------------------------|
B|---------------------------------------------|
G|---------------------------------------------|
D|------------------7--------------------------|
A|------------------7--------------------------|
E|------------------5--------------------------|
```

The B power chord looks like this:

```
E|------------------------------------|
B|------------------------------------|
G|---------------4--------------------|
D|---------------4--------------------|
A|---------------2--------------------|
E|------------------------------------|
```

The D power chord looks like this:

```
E|------------------------------------|
B|------------------------------------|
G|---------------7--------------------|
D|---------------7--------------------|
A|---------------5--------------------|
E|------------------------------------|
```

CHORDS & PROGRESSIONS

Let us slow things right down though. The reason I showed you power chords early on is because they are the easiest version of any chord you might need to use. But before taking another step, you need to learn the most basic chord progression which all beginner guitarist use: C, G, Am, F.

A chord progression is a series of (usually 3 or 4) chords which are played over and over in a song. Hundreds of thousands of pop and rock songs use the generic C, G, Am and F progression which is why it is essential to learn. Practice songs are included later on in the book so try to master this progression in this section before advancing to tackling anything more complex.

We are starting with a C major chord, or simply what we call 'C'. This going to be the basis for the entire exercise. It will take time and energy to master the progression itself so while I would usually say to focus on every chord individually, it is worth giving the entire progression a shot once you are somewhat comfortable with each chord.

The earlier on that you start practicing, the easier it will become.

C MAJOR CHORD

```
E|-----------------------------------0------|
B|--------------------------------1---------|
G|-----------------------------0------------|
D|-----------------------2------------------|
A|-----------------3------------------------|
E|----------------------------------------|
```

Here we have the C chord. It looks daunting but one needn't worry because everything is explained step by step.

Step 1: You want to get your fingers in the right position so you can start to memorise the chord shapes. You will start by placing your ring finger (fourth finger) on the third fret of the A string.

Step 2: Next, put your middle finger on the second fret of the D string. I understand that this feels like a close tuck and it is. Therefore, really push down so that the notes can ring out when you strum later.

Step 3: Leaving the G string open and untouched (hence the 0 in the diagram), place your index (pointer) finger on the first fret of the B string.

This is the C major shape. Truth be told, it will feel uncomfortable and maybe even painful when you first become acquainted with this chord shape. But the practice pays off because after a while you will be able to do a C major chord shape without thinking twice. It's all about practice and muscle memory.

This is the first chord of the four chord sequence. Now, we must advance to the G major chord.

G MAJOR CHORD

```
E|----------------------------------3------|
B|-------------------------------3---------|
G|----------------------------0------------|
D|-----------------------0-----------------|
A|---------------2-------------------------|
E|---------3-------------------------------|
```

The G major chord is one of the reasons you should be learning guitar: in and of itself. It is wholesome, melodic and overall a gorgeous sounding chord.

Step 1: To start creating the shape, place your middle finger on the third fret of the low E string.

Step 2: Next, place your index finger on the second fret of the A string.

Step 3: Place your ring finger on the third fret of the B string and your pinky under it on the third fret of the high E string.

Once more, this position is not exactly the most fun for a

beginner and it is a big jump from C to G. Nonetheless, it is a pivotal chord to learn for any genre of music. I urge you not to give up though, no matter how hard you find playing it. Perseverance is key.

A tip regarding this chord is that if you find the high notes difficult to keep down i.e. your ring and pinky on the B and E strings, then just try playing the top four strings and progressively introducing the high notes.

A MINOR CHORD

```
E|-----------------------------------0---------|
B|-------------------------------1-------------|
G|---------------------------2-----------------|
D|-----------------------2---------------------|
A|---------------0-----------------------------|
E|---------------------------------------------|
```

Every chord progression needs a good minor chord to bring it together. No chord does this more so than A minor. Unlike the other chords in this progression, this one does not use the low E string so when you play it, start out slow ensuring not to hit that low string.

Step 1: Place your middle finger on the second fret of the D string.

Step 2: Place your ring finger under it on the second fret of the G string.

Step 3: Finish the chord shape with your index finger on the first fret of the B string.

Step 4: Strum the chord using all strings except the low E.

F MAJOR CHORD

```
E|----------------------------------------|
B|----------------------------------------|
G|------------------------2---------------|
D|------------------3---------------------|
A|------------3---------------------------|
E|------1---------------------------------|
```

The F major chord is by far the hardest chord that a beginner could come across. The full shape using a technique called barring but since this book is designed as an introductory text for beginners, we will focus on the simplified version. Earlier, we came across the F major power chord. The F chord is very similar but more extensive.

Step 1: Place your index finger on the first fret of the E string.

Step 2: Place your ring finger on the third fret of the A string.

Step 3: Place your ring finger on the third fret of the D

string.

Step 4: Finish by placing your middle finger on the second fret of the G string.

So now that you have the tools for your first chord progression, it's time for you to practice, practice, practice! Do not take another step until you have mastered each of the four chords and can comfortably change between them. Once you have nailed each chord, try playing them in this easy sequence:

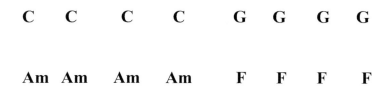

The purpose of this exercise is to get you into a groove or rhythm of playing. It's one thing to learn to play the notes and another thing entirely to make it into music.

PICKING

What must be addressed is picking/strumming. Picking patterns are an essential part of playing the guitar and make riffs/chords sound either amazing or terrible. When starting out on guitar, most players pick downwards on every stroke. This works for some riffs but upstrokes are just as important. When writing out picking patterns, guitarists use D (down pick) and U (up pick) to signify what sort of picking is used. Try picking in alternate picking patterns like these:

D   D   U   D   D   U

In this picking pattern, you will pick the strings in a 'down, down, up' pattern i.e. two down picks and one up pick. This is a great beginner's pattern as it only involves one up pick.

D   U   D   D   U

Similar to the previous pattern, this one is slightly more challenging but you can master it with a bit of practice.

These are the primary two picking patterns used for playing chords and riffs. When you practice more and you get the hang of riffing, the picking pattern of a song will come naturally to you. The whole idea of a picking pattern is to make the riff run smoothly without breaks which can make a guitarist sound amateur and unprofessional. It's similar to a violinist who learns how to bow properly and fluidly.

Guitarists must learn as early as possible how to pick appropriately. On the occasion, you might find that some songs and riffs have multiple possibilities for picking patterns and there isn't only one right way of playing the song. This is fine too and in these cases, it is just a matter of what feels best for you.

Some songs start on an up-pick. While rare, I would encourage you to practice any of the riffs in this book with an up-picked start. What happens when you try this is your muscle memory improves because you are taking on a technique which isn't natural. What *is* natural when you start playing a riff is to down pick from the start. Alternating shouldn't be a huge aspect of your practicing but it should be included nonetheless. You'll thank your future guitarist self for giving this a go earlier on in your musical career.

ELEMENTS OF COUNTRY GUITAR

Country guitar has a reputation of being a difficult style to master. While it is true that there are some advanced country techniques, in this book, we'll be focusing on the basics.

So far, we have covered reading tabs and playing chords. Now it's time to bring the *country* into it. Before trying out the various licks in the next chapter, you need to master these simple elements of the genre.

1. **Bending**

2. **Octaves**

Bending

Just like the name suggests, the technique which we call **bending** is achieved when you play a note while bending the string. The bending is performed by the finger on your left hand (the one on the fretboard). As you play the note, bend upwards. This enables the string to tighten and the pitch to go up.

You can bend a note as far as you need to but remember that it is possible to bend a note too far which means you could end up playing a semi-tone too high which will not be keeping in key with the song. Control your bending by starting out gently.

For the sake of this exercise, we will be using the third fret of the D string which is an *F* note.

Step 1: Start by placing your middle finger (or index finger depending on which you are most comfortable with) on the third fret of the D string.

Step 2: Play the note.

Step 3: Bend the note by pushing the string upwards. Do not apply too much force.

Step 4: Finish the bend by bringing your finger back down to the original position.

Some of the licks in the following chapter use bends so it is essential that you recognise a bend in a piece of guitar tablature. To identify a bend in guitar tabs, there will be a "*/b*" after the note you are playing. Take the example of the note we just played.

This is what it would look like with and without a bend in tab form.

Without bend:

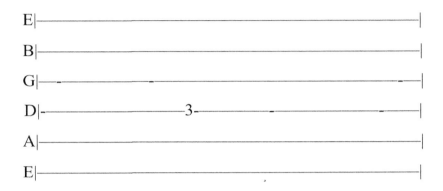

With bend:

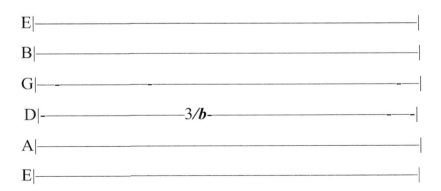

Octaves

While octaves are a prominent aspect of all music, in country guitar they are used more often than you might expect. Octaves, particularly in the country style of playing allow you to navigate the fretboard freely while keeping in the right key.

What is an octave?

An octave is a series of eight notes which occupies the interval between the same two notes. For example, if we are playing a C note and we want to play a different C note higher or lower on the fretboard, we'd have to play the octave higher or octave lower.

To get there, there are eight notes in between:

C D E F G A B C

On guitar, it looks like this:

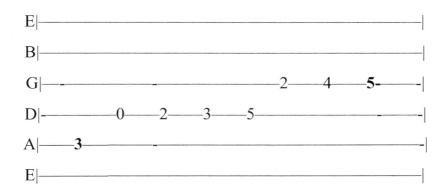

In this sequence, the third fret of the A string is a C note and the fifth fret of the G string with we finish with is a C note one octave higher. It is one octave higher because there is an eight note interval. The same applies with any note on the guitar.

So if we isolate the interval, we get:

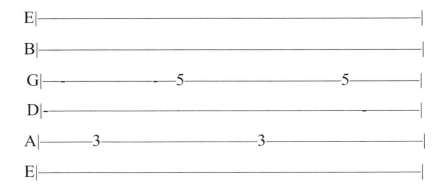

These kinds of patterns are very common in country as you will find out in the next chapter of this book.

Now it is time to put your knowledge to the test with some easy to follow country licks. Do not be intimidated by them. Practice makes perfect so if you struggle at first, slow it down so that you can train your finger muscles to adapt to the different positions. You can then build up your speed.

EASY COUNTRY LICKS

Rocky Road

Key of E major

```
E|————4————0————————————————|
B|——————————————————4————————|
G|———————————————————————————|
D|———————————————————————————|
A|———————————————————————————|
E|———————————————————————————|


E|————0————2————0————————————|
B|——————————————————0————————|
G|———————————————————————————|
D|———————————————————————————|
A|———————————————————————————|
E|———————————————————————————|
```

```
E|———4———5———4———2———4——————————|
B|——————————————————————————————|
G|——————————————————————————————|
D|——————————————————————————————|
A|——————————————————————————————|
E|——————————————————————————————|


E|———2——————0———————————————————|
B|——————————————————————————————|
G|——————————————————————————————|
D|——————————————————————————————|
A|——————————————————————————————|
E|——————————————————————————————|


E|————7———5———2———4—————————————|
B|——————————————————————————————|
G|——————————————————————————————|
D|——————————————————————————————|
A|——————————————————————————————|
E|——————————————————————————————|
```

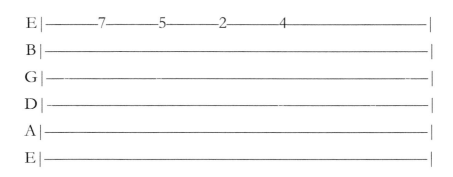
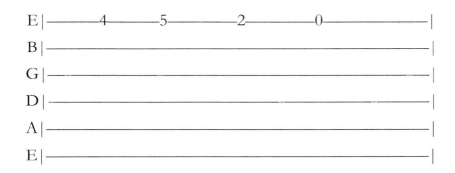

```
E|————2————4————————————|
B|—————————————————————|
G|—————————————————————|
D|—————————————————————|
A|—————————————————————|
E|—————————————————————|


E|————2————0————————————|
B|—————————————————————|
G|—————————————————————|
D|—————————————————————|
A|—————————————————————|
E|—————————————————————|


E|—————————————————————|
B|—————————————————————|
G|—————————————————————|
D|—————————————————————|
A|————————2————————————|
E|————0————————0————————|
```

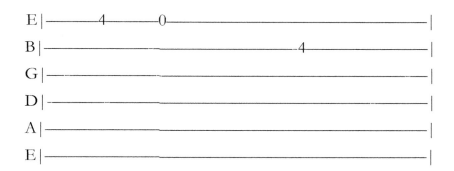
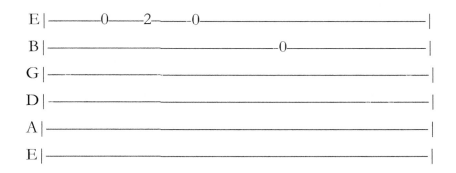
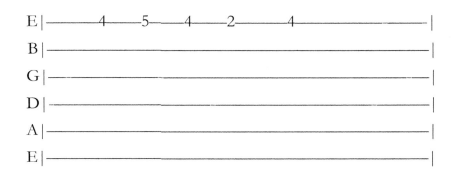

```
E|———2————————0————————————|
B|—————————————————————————|
G|—————————————————————————|
D|—————————————————————————|
A|—————————————————————————|
E|—————————————————————————|


E|————7———5————2————4——————|
B|—————————————————————————|
G|—————————————————————————|
D|—————————————————————————|
A|—————————————————————————|
E|—————————————————————————|


E|————7————5————2—————4————|
B|—————————————————————————|
G|—————————————————————————|
D|—————————————————————————|
A|—————————————————————————|
E|—————————————————————————|
```

```
E|———4———5———2———0———————|
B|———————————————————————|
G|———————————————————————|
D|———————————————————————|
A|———————————————————————|
E|———————————————————————|
```

```
E|———————7———4———5———————|
B|———————————————————————|
G|———————————————————————|
D|———————————————————————|
A|———————————————————————|
E|———————————————————————|
```

```
E|———2———4———————————————|
B|———————————————————————|
G|———————————————————————|
D|———————————————————————|
A|———————————————————————|
E|———————————————————————|
```

```
E|————————2————0————————————————|
B|————————————————————————————————|
G|————————————————————————————————|
D|————————————————————————————————|
A|————————————————————————————————|
E|————————————————————————————————|


E|————————————————————————————————|
B|————————————————————————————————|
G|————————————————————————————————|
D|————————————————————————————————|
A|————————————2———————————————————|
E|————0———————————————0———————————|
```

Throwing Back

Key of G major

```
E|-----------------------------------------------|
B|-----------------------------------------------|
G|-------------------0---------------------------|
D|----------0------------------------------------|
A|-----------------------------------------------|
E|------3----------------------------------------|
```

```
E|-----------------------------------------------|
B|-----------------------------------------------|
G|-------------------0---------------------------|
D|----------0------------------------------------|
A|-----------------------------------------------|
E|------3----------------------------------------|
```

```
E|------------------------------------------------|
B|------------------------------------------------|
G|---------------------0--------------------------|
D|-----------0------------------------------------|
A|-----2------------------------------------------|
E|------------------------------------------------|


E|------------------------------------------------|
B|---------------------2--------------------------|
G|------------------------------------------------|
D|-----------2------------------------------------|
A|-----0------------------------------------------|
E|------------------------------------------------|


E|------------------------------------------------|
B|---------------------2--------------------------|
G|------------------------------------------------|
D|-----------2------------------------------------|
A|-----0------------------------------------------|
E|------------------------------------------------|
```

```
E|-----3-------0-----------------------------|
B|------------------3-------0----------------|
G|-------------------------------------------|
D|-------------------------------------------|
A|-------------------------------------------|
E|-------------------------------------------|
```

```
E|-------------------------------------------|
B|-------------------------------------------|
G|-----3-----2-------0-----------------------|
D|-------------------------------------------|
A|-------------------------------------------|
E|-------------------------------------------|
```

```
E|-------------------------------------------|
B|-------------------------------------------|
G|-------------------------------------------|
D|------3-----2-----0------------------------|
A|-------------------------------------------|
E|-------------------------------------------|
```

```
E|--------------------------------|
B|--------------------------------|
G|--------------------------------|
D|--------------------------------|
A|-----1--------2-----------------|
E|-----------------------3--------|


E|--------------------------------|
B|--------------------------------|
G|--------------------0-----------|
D|----------0---------------------|
A|--------------------------------|
E|-----3--------------------------|


E|--------------------------------|
B|--------------------------------|
G|--------------------0-----------|
D|----------0---------------------|
A|--------------------------------|
E|-----3--------------------------|
```

```
E|---------------------------------|
B|---------------------------------|
G|------------------0--------------|
D|----------0----------------------|
A|-----2---------------------------|
E|---------------------------------|
```

```
E|----3-------0-----------------------------|
B|-----------------3-------0----------------|
G|------------------------------------------|
D|------------------------------------------|
A|------------------------------------------|
E|------------------------------------------|


E|------------------------------------------|
B|------------------------------------------|
G|-----3-----2---------0--------------------|
D|------------------------------------------|
A|------------------------------------------|
E|------------------------------------------|


E|------------------------------------------|
B|------------------------------------------|
G|------------------------------------------|
D|-----3-----2------0-----------------------|
A|------------------------------------------|
E|------------------------------------------|
```

```
E|————————————————————————|
B|————————————————————————|
G|————————————————————————|
D|————————————————————————|
A|————1————2——————————————|
E|————————————————3———————|
```

Texas (Heart of the USA)

Key of E major

```
E|------------------------------------------------|
B|------------------------------------------------|
G|----------------------------0--------1----------|
D|--------------2---------------------------------|
A|--------2---------------------------------------|
E|----0-------------------------------------------|



E|------------------------------------------------|
B|------------------------------------------------|
G|--------------0--------1------------------------|
D|------------------------------------------------|
A|----2-------------------------------------------|
E|------------------------------------------------|
```

```
E|-----------------------------------------|
B|-----------------------------------------|
G|-------------0-------1-------------------|
D|-----------------------------------------|
A|-----------------------------------------|
E|----0------------------------------------|


E|-----------------------------------------|
B|-----------------------------------------|
G|---------------0-------1-----------------|
D|-----------------------------------------|
A|----2------------------------------------|
E|-----------------------------------------|


E|-----------------------------------------|
B|----------------------------------2------|
G|-----------------------------0-----------|
D|-------------------2---------------------|
A|----0------------------------------------|
E|-----------------------------------------|
```

```
E|————————————————————————————————|
B|—————————————————————————2——————|
G|———————————————————0————————————|
D|———————————2————————————————————|
A|————————————————————————————————|
E|————0———————————————————————————|


E|————————————————————————————————|
B|—————————————————————————2——————|
G|———————————————————0————————————|
D|———————————2————————————————————|
A|————0———————————————————————————|
E|————————————————————————————————|


E|————————————————————————————————|
B|—————————————————————————2——————|
G|———————————————————0————————————|
D|———————————2————————————————————|
A|————————————————————————————————|
E|————0———————————————————————————|
```

```
E|------------------------------|
B|------------------------------|
G|-----------2------------------|
D|--------1---------------------|
A|-----2------------------------|
E|------------------------------|


E|------------------------------|
B|------------------------------|
G|-----------2------------------|
D|--------1---------------------|
A|-----2------------------------|
E|------------------------------|


E|------------------------------|
B|------------------------------|
G|-----------2------------------|
D|--------1---------------------|
A|-----2------------------------|
E|------------------------------|
```

```
E|————————————————————————|
B|————————————————————————|
G|—————————0———————1——————|
D|————————————————————————|
A|————————————————————————|
E|———0————————————————————|
```

```
E|————————————————————————|
B|————————————————————————|
G|———————————————0———1————|
D|————————————————————————|
A|———2————————————————————|
E|————————————————————————|
```

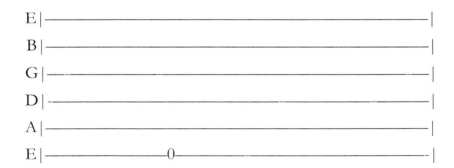

```
E|————————————————————————|
B|————————————————————————|
G|————————————————————————|
D|————————————————————————|
A|————————————————————————|
E|—————————0——————————————|
```

```
E|--------------------------------|
B|--------------------------------|
G|---------------------0------1---|
D|-----------2--------------------|
A|-----2--------------------------|
E|--0-----------------------------|


E|--------------------------------|
B|--------------------------------|
G|-----------0--------1-----------|
D|--------------------------------|
A|--2-----------------------------|
E|--------------------------------|


E|--------------------------------|
B|--------------------------------|
G|---------------0--------1-------|
D|--------------------------------|
A|--------------------------------|
E|----0---------------------------|
```

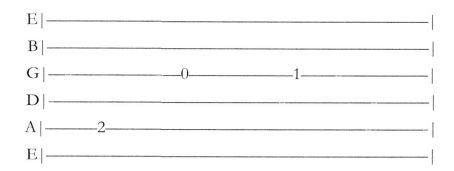
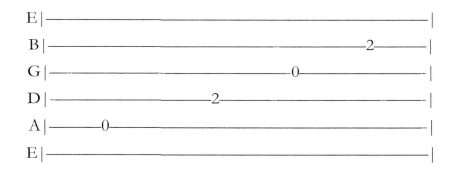
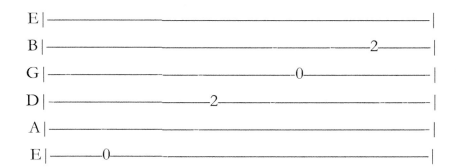

```
E|-------------------------------------|
B|----------------------------2--------|
G|------------------------0------------|
D|--------------------2----------------|
A|--------0----------------------------|
E|-------------------------------------|


E|-------------------------------------|
B|----------------------------2--------|
G|------------------------0------------|
D|--------------------2----------------|
A|-------------------------------------|
E|--------0----------------------------|


E|-------------------------------------|
B|-------------------------------------|
G|--------------------2----------------|
D|---------------1---------------------|
A|--------2----------------------------|
E|-------------------------------------|
```

```
E|--------------------------------|
B|--------------------------------|
G|---------------2----------------|
D|---------1----------------------|
A|-----2--------------------------|
E|--------------------------------|


E|--------------------------------|
B|--------------------------------|
G|---------------2----------------|
D|---------1----------------------|
A|-----2--------------------------|
E|--------------------------------|


E|--------------------------------|
B|--------------------------------|
G|-----------0---------1----------|
D|--------------------------------|
A|--------------------------------|
E|-----0--------------------------|
```

```
E|————————————————————————|
B|————————————————————————|
G|———————————0————1———————|
D|————————————————————————|
A|————2———————————————————|
E|————————————————————————|


E|————————————————————————|
B|————————————————————————|
G|————————————————————————|
D|————————————————————————|
A|————————————————————————|
E|—————————0——————————————|
```

Sunday

Key of G major

```
E|---------------------------------------|
B|-----------------------3---------------|
G|-----------------0---------------------|
D|-------5-------------------------------|
A|---------------------------------------|
E|---------------------------------------|
```

```
E|---------------------------------------|
B|-----------------------3---------------|
G|-----------------0---------------------|
D|-------4-------------------------------|
A|---------------------------------------|
E|---------------------------------------|
```

```
E|-------------------------------------|
B|--------------------3----------------|
G|--------------0----------------------|
D|-------2-----------------------------|
A|-------------------------------------|
E|-------------------------------------|
```

```
E|-------------------------------------|
B|--------------------3----------------|
G|--------------0----------------------|
D|-------0-----------------------------|
A|-------------------------------------|
E|-------------------------------------|
```

```
E|-------------------------------------|
B|--------------------3----------------|
G|--------------0----------------------|
D|-------0-----------------------------|
A|----3--------------------------------|
E|-------------------------------------|
```

```
E|-----------------------------------|
B|-----------------------------------|
G|--------0--------------------------|
D|---------------0-------------------|
A|-----------------------------------|
E|-----------------------------------|
```

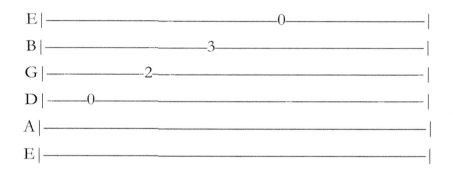

```
E|----------------------------0------|
B|---------------------3-------------|
G|--------------2--------------------|
D|------0----------------------------|
A|-----------------------------------|
E|-----------------------------------|
```

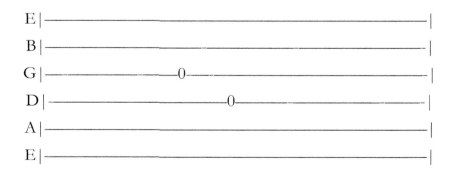

```
E|-----------------------------------|
B|-----------------------------------|
G|---------------0-------------------|
D|----------------------0------------|
A|-----------------------------------|
E|-----------------------------------|
```

```
E|----------------------------------|
B|----------------------------------|
G|----------------------------------|
D|----------------------------------|
A|----------------------------------|
E|---------------3------------------|
```

Rusted Roots

Key of A major

```
E|-----------------------------------------------|
B|----------10----------12-----------------------|
G|-----------------------------------------------|
D|-----------------------------------------------|
A|-----------------------------------------------|
E|-----------------------------------------------|
```

```
E|---------9----------12-------------14----------|
B|-----------------------------------------------|
G|-----------------------------------------------|
D|-----------------------------------------------|
A|-----------------------------------------------|
E|-----------------------------------------------|
```

```
E|———12———9————————————————|
B|————————————————12————————10————|
G|—————————————————————————————————|
D|—————————————————————————————————|
A|—————————————————————————————————|
E|—————————————————————————————————|


E|————————————————12———————————————|
B|————12/b—————————————————————————|
G|—————————————————————————————————|
D|—————————————————————————————————|
A|—————————————————————————————————|
E|—————————————————————————————————|
```
(note that there is a bend here. Bend the 12th fret upwards)

```
E|—————————————————————————————————|
B|————14————12————————10———————————|
G|—————————————————————————————————|
D|—————————————————————————————————|
A|—————————————————————————————————|
E|—————————————————————————————————|
```

```
E|---------------------------------------------|
B|---------------------------------------------|
G|------11-------------------------------------|
D|---------------------------------------------|
A|-------------------------------9-------------|
E|---------------------------------------------|
```

Louisiana

Key of F# major

```
E|---------2--------4---------2------------------|
B|-----------------------------------------------|
G|-----------------------------------------------|
D|-----------------------------------------------|
A|-----------------------------------------------|
E|-----------------------------------------------|


E|-----------------------------------------------|
B|------------------2----------------------------|
G|-----------------------------------------------|
D|-----------------------------------------------|
A|-----------------------------------------------|
E|-----------------------------------------------|
```

```
E|-------2---------4--------2-----------------|
B|--------------------------------------2--- |
G|--------------------------------------------|
D|--------------------------------------------|
A|--------------------------------------------|
E|--------------------------------------------|


E|--------------------------------------------|
B|-------4/b---------------4------------------|
G|--------------------------------------------|
D|--------------------------------------------|
A|--------------------------------------------|
E|--------------------------------------------|


E|--------------------------------------------|
B|---------------2----------------------------|
G|--------------------------------------------|
D|--------------------------------------------|
A|--------------------------------------------|
E|--------------------------------------------|
```

```
E|————————————————————————————|
B|————————————————————————————|
G|———1———3————————3/b————3————|
D|————————————————————————————|
A|————————————————————————————|
E|————————————————————————————|
```

```
E|————————————————————————————|
B|————————————————————————————|
G|————————————————————————————|
D|———1————————————————————————|
A|———————————————4————————————|
E|————————————————————————————|
```

```
E|————2———4———2———————————————|
B|————————————————————————————|
G|————————————————————————————|
D|————————————————————————————|
A|————————————————————————————|
E|————————————————————————————|
```

```
E|-------------------------------------------|
B|------------2------------------------------|
G|-------------------------------------------|
D|-------------------------------------------|
A|-------------------------------------------|
E|-------------------------------------------|


E|-----2--------4------2--------------------|
B|-------------------------------------2----|
G|-------------------------------------------|
D|-------------------------------------------|
A|-------------------------------------------|
E|-------------------------------------------|


E|-------------------------------------------|
B|------4/b-------------4--------------------|
G|-------------------------------------------|
D|-------------------------------------------|
A|-------------------------------------------|
E|-------------------------------------------|
```

```
E|---------------------------------|
B|-------------2-------------------|
G|---------------------------------|
D|---------------------------------|
A|---------------------------------|
E|---------------------------------|


E|---------------------------------|
B|---------------------------------|
G|-----1-----3--------3/b------3---|
D|---------------------------------|
A|---------------------------------|
E|---------------------------------|


E|---------------------------------|
B|---------------------------------|
G|---------------------------------|
D|-----1---------------------------|
A|-------------------4-------------|
E|---------------------------------|
```

Mid-Western Country

Key of Ab Major

```
E|-----------------------------------------|
B|-----------------------------------------|
G|-----------------------------------------|
D|-------------------6---------------------|
A|-----------------------------------------|
E|--------4--------------------------------|
```

(this is an octave Ab note)

```
E|-----------------------------------------|
B|-----------------------------------------|
G|-----------------------------------------|
D|--------4----5----6----------------------|
A|-----------------------------------------|
E|-----------------------------------------|
```

```
E|--------------------------------|
B|--------------------------------|
G|------6------5------4-----------|
D|--------------------------------|
A|--------------------------------|
E|--------------------------------|




E|--------------------------------|
B|--------9-----------------------|
G|------------------8-------------|
D|--------------------------------|
A|--------------------------------|
E|--------------------------------|




E|------------9----8------9-------|
B|--------------------------------|
G|--------------------------------|
D|--------------------------------|
A|--------------------------------|
E|--------------------------------|
```

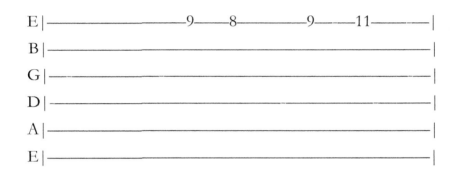
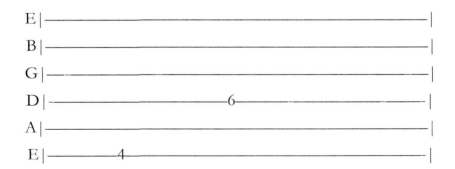

```
E|-----------------------------------|
B|-----------------------------------|
G|-----------------------------------|
D|--------4-----5-----6--------------|
A|-----------------------------------|
E|-----------------------------------|


E|-----------------------------------|
B|-----------------------------------|
G|--------6-----5-----4--------------|
D|-----------------------------------|
A|-----------------------------------|
E|-----------------------------------|


E|-----------------------------------|
B|--------------9--------------------|
G|--------------------8--------------|
D|-----------------------------------|
A|-----------------------------------|
E|-----------------------------------|
```

```
E|------------------9----8---------9----------------|
B|-------------------------------------------------|
G|-------------------------------------------------|
D|-------------------------------------------------|
A|-------------------------------------------------|
E|-------------------------------------------------|


E|-------------------------------------------------|
B|------------9------------------------------------|
G|-----------------------8-------------------------|
D|-------------------------------------------------|
A|-------------------------------------------------|
E|-------------------------------------------------|


E|------------------9----8---------9-----11---------|
B|-------------------------------------------------|
G|-------------------------------------------------|
D|-------------------------------------------------|
A|-------------------------------------------------|
E|-------------------------------------------------|
```

```
E|---------------------------------------------|
B|---------------------------------------------|
G|---------------------------------------------|
D|---------------------------------------------|
A|-----------6-----5-----6---------------------|
E|-----4-------------------------------4-------|
```

Wheel

Key of F major

```
E|---------------------------------------|
B|---------------------------------------|
G|------------------5-------3------------|
D|---------------------------------------|
A|-----3--------5------------------------|
E|---------------------------------------|


E|---------------------------------------|
B|---------------------------------------|
G|---------------------------------------|
D|---------3------------5----------------|
A|---------------------------------------|
E|---------------------------------------|
```

```
E|--------------------------------------------|
B|--------------------------------------------|
G|----------------------------5---------------|
D|------5--------7-------------------------7--|
A|--------------------------------------------|
E|--------------------------------------------|




E|--------------------------------------------|
B|--------------------------------------------|
G|--------7--------------5--------------------|
D|--------------------------------------------|
A|--------------------------------------------|
E|--------------------------------------------|




E|--------------------------------------------|
B|--------------------------------------------|
G|--------------------------------------------|
D|------5--------6---------7------------------|
A|--------------------------------------------|
E|------------------------------------3-------|
```

(finish on the C major note on the third fret of the E string)

```
E|----------------------------------------|
B|----------------------------------------|
G|------------------5------3--------------|
D|----------------------------------------|
A|------3------5--------------------------|
E|----------------------------------------|


E|----------------------------------------|
B|----------------------------------------|
G|----------------------------------------|
D|----------3------------5----------------|
A|----------------------------------------|
E|----------------------------------------|


E|----------------------------------------|
B|----------------------------------------|
G|------------------------5---------------|
D|------5------7-------------------7------|
A|----------------------------------------|
E|----------------------------------------|
```

```
E|--------------------------------|
B|--------------------------------|
G|-----7-----------5--------------|
D|--------------------------------|
A|--------------------------------|
E|--------------------------------|


E|--------------------------------|
B|--------------------------------|
G|--------------------------------|
D|-----5------6------7------------|
A|--------------------------------|
E|-----------------------------3--|
```

You Make My Head Spin

Key of E major

```
E|------------------------------------|
B|------------------------------------|
G|------------------------------------|
D|------------------------------------|
A|------------------------------------|
E|-----0-----2-----4------------------|
```

```
E|------------------------------------|
B|------------------------------------|
G|------------------------------------|
D|--------------------2---------------|
A|-----2-----2-----4------------------|
E|------------------------------------|
```

```
E|------------------------------------------------|
B|------------------------------------------------|
G|------------------------------------------------|
D|-----4-------2----------------2-----------------|
A|--------------------4---------------------------|
E|------------------------------------------------|


E|------------------------------------------------|
B|------------------------------------------------|
G|------------------------------------------------|
D|-----4------6---------4--------2----------------|
A|------------------------------------------------|
E|------------------------------------------------|


E|------------------------------------------------|
B|------------------------------------------------|
G|------------------------------------------------|
D|-------------------------2----------------------|
A|-----4-------2----------------------------------|
E|------------------------------------------------|
```

```
E|——————————————————————————|
B|——————————————————————————|
G|——————————————————————————|
D|——————————————————————————|
A|——————————————————————————|
E|——————0————————4——————————|
```

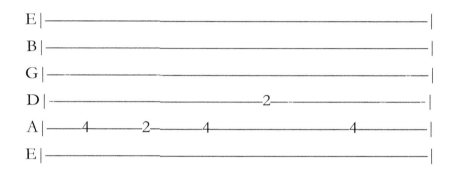

```
E|——————————————————————————|
B|——————————————————————————|
G|——————————————————————————|
D|————————————————————2—————|
A|——4———2———4——————————4————|
E|——————————————————————————|
```

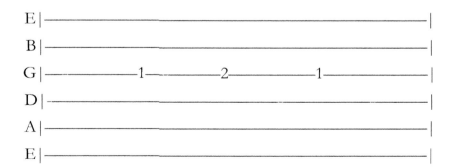

```
E|——————————————————————————|
B|——————————————————————————|
G|————————1———————2———————1—|
D|——————————————————————————|
A|——————————————————————————|
E|——————————————————————————|
```

```
E|--------------------------------|
B|--------------------------------|
G|--------------------------------|
D|--------------------------------|
A|----2---------4-----------------|
E|-----------------------0--------|


E|--------------------------------|
B|--------------------------------|
G|--------------------------------|
D|--------------------------------|
A|--------------------------------|
E|----0-----2-----4---------------|


E|--------------------------------|
B|--------------------------------|
G|--------------------------------|
D|--------------------2-----------|
A|----2-----2-----4---------------|
E|--------------------------------|
```

```
E|-----------------------------------|
B|-----------------------------------|
G|-----------------------------------|
D|------4------2--------------2------|
A|-------------------4---------------|
E|-----------------------------------|


E|-----------------------------------|
B|-----------------------------------|
G|-----------------------------------|
D|------4------6------4------2-------|
A|-----------------------------------|
E|-----------------------------------|


E|-----------------------------------|
B|-----------------------------------|
G|-----------------------------------|
D|--------------------2--------------|
A|------4------2---------------------|
E|-----------------------------------|
```

```
E|----------------------------------|
B|----------------------------------|
G|----------------------------------|
D|----------------------------------|
A|----------------------------------|
E|--------0------------4------------|


E|----------------------------------|
B|----------------------------------|
G|----------------------------------|
D|--------------------2-------------|
A|----4------2------4----------4----|
E|----------------------------------|


E|----------------------------------|
B|----------------------------------|
G|--------1------2---------1--------|
D|----------------------------------|
A|----------------------------------|
E|----------------------------------|
```

```
E|---------------------------------------------|
B|---------------------------------------------|
G|---------------------------------------------|
D|---------------------------------------------|
A|----2---------4------------------------------|
E|----------------------------0----------------|
```

Tears of a Telecaster

Key of C major

```
E|----------------------------------------------|
B|----------------------------------------------|
G|----------------------5-----------------------|
D|-----5--------7-------------------7-----------|
A|----------------------------------------------|
E|----------------------------------------------|


E|----------------------------------------------|
B|--------------------------------------8-------|
G|-----5--------7--------7/b--------------------|
D|----------------------------------------------|
A|----------------------------------------------|
E|----------------------------------------------|
```

```
E|----------------------------------------|
B|----------------------------------------|
G|--------7/b-----------7---------5-------|
D|-----------------------------------7----|
A|----------------------------------------|
E|----------------------------------------|


E|----------------------------------------|
B|----------------------------------------|
G|----------------------------------------|
D|----5------7------5------7------5----7--|
A|----------------------------------------|
E|----------------------------------------|


E|----------------------------------------|
B|----------------------------------------|
G|-------------------------5--------------|
D|----5------7----------------------7-----|
A|----------------------------------------|
E|----------------------------------------|
```

```
E|---------------------------------------------|
B|-----------------------------------8---------|
G|----5---------7---------7/b------------------|
D|---------------------------------------------|
A|---------------------------------------------|
E|---------------------------------------------|
```

```
E|---------------------------------------------|
B|---------------------------------------------|
G|----7/b---------7---------5------------------|
D|-----------------------------------7---------|
A|---------------------------------------------|
E|---------------------------------------------|
```

```
E|---------------------------------------------|
B|---------------------------------------------|
G|---------------------------------------------|
D|----5-----7-----5-----7-----5-----7----------|
A|---------------------------------------------|
E|---------------------------------------------|
```

St. Ambrose's Reel

Key of C major

```
E|---------------------------------------------------|
B|-----5-------1---------------------1---------------|
G|---------------------0---------------------0-------|
D|---------------------------------------------------|
A|---------------------------------------------------|
E|---------------------------------------------------|
```

```
E|---------------------------------------------------|
B|-----3-------1---------------------1---------------|
G|---------------------0---------------------0-------|
D|---------------------------------------------------|
A|---------------------------------------------------|
E|---------------------------------------------------|
```

```
E|────────────────────────────────────────|
B|────5────────1──────────────1───────────|
G|─────────────────────0──────────────0───|
D|────────────────────────────────────────|
A|────────────────────────────────────────|
E|────────────────────────────────────────|


E|────────────────────────────────────────|
B|────3────────1──────────────0───────────|
G|─────────────────────0──────────────0───|
D|────────────────────────────────────────|
A|────────────────────────────────────────|
E|────────────────────────────────────────|


E|────────────────────────────────────────|
B|────3────────1───────0──────────────1───|
G|──────────────────────────0─────────────|
D|────────────────────────────────────────|
A|────────────────────────────────────────|
E|────────────────────────────────────────|
```

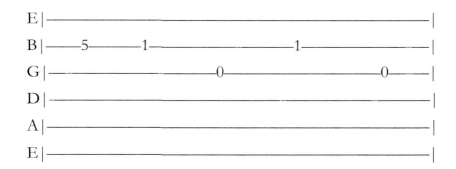

```
E|----------------------------------------|
B|----5--------1--------------1-----------|
G|---------------------0-------------0----|
D|----------------------------------------|
A|----------------------------------------|
E|----------------------------------------|


E|----------------------------------------|
B|----3--------1--------------0-----------|
G|---------------------0-------------0----|
D|----------------------------------------|
A|----------------------------------------|
E|----------------------------------------|


E|----------------------------------------|
B|----3--------1--------0-------------1---|
G|----------------------------0-----------|
D|----------------------------------------|
A|----------------------------------------|
E|----------------------------------------|
```

```
E|————————————————|
B|————————————————|
G|————————————————|
D|————————————————|
A|————————————————|
E|—————3——————————|
```

Peter's Back

Key of D major

```
E|----------------------0---------------------|
B|---------------3---------------3------------|
G|------2-------------------------------------|
D|--0-----------------------------------------|
A|--------------------------------------------|
E|--------------------------------------------|


E|--------------------------------------------|
B|------2----3-----2--------------------------|
G|-----------------------2--------------------|
D|--------------------------------------------|
A|--------------------------------------------|
E|--------------------------------------------|
```

```
E|-----------------------------------|
B|-----------------------------------|
G|------2------------4---------------|
D|-----------------------------------|
A|-----------------------------------|
E|-----------------------------------|


E|-----------------------------------|
B|-----------------------------------|
G|------2/b----------0---------------|
D|-----------------------------------|
A|-----------------------------------|
E|-----------------------------------|


E|-----------------------------------|
B|-----------------------------------|
G|-----------------------------------|
D|------4------2------0--------------|
A|-----------------------------------|
E|-----------------------------------|
```

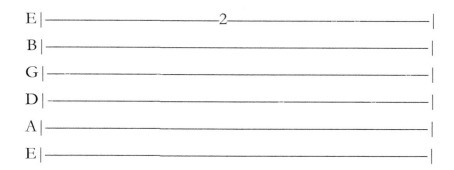
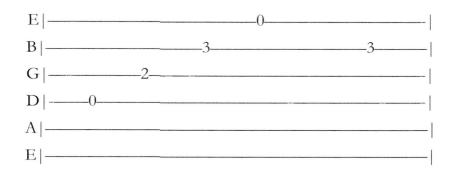
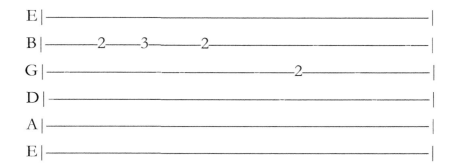

```
E|-------------------------------------------|
B|-------------------------------------------|
G|---------2-------------4-------------------|
D|-------------------------------------------|
A|-------------------------------------------|
E|-------------------------------------------|


E|-------------------------------------------|
B|-------------------------------------------|
G|---------2/b-----------0-------------------|
D|-------------------------------------------|
A|-------------------------------------------|
E|-------------------------------------------|


E|-------------------------------------------|
B|-------------------------------------------|
G|-------------------------------------------|
D|-----4---------2-------0-------------------|
A|-------------------------------------------|
E|-------------------------------------------|
```

```
E|---------------2---------------|
B|-------------------------------|
G|-------------------------------|
D|-------------------------------|
A|-------------------------------|
E|-------------------------------|
```

My Girl Mary

Key of G major

```
E |--------------------------------------------------|
B |--------------------------------------------------|
G |-----------0-----------4-----------4--------------|
D |----0---------------------------------------------|
A |--------------------------------------------------|
E |--------------------------------------------------|
```

```
E |--------------------------------------------------|
B |--------------------3-----------------------------|
G |-----------2--------------------------------------|
D |--------------------------------------------------|
A |--------------------------------------------------|
E |--------------------------------------------------|
```

```
E|------------------------------------|
B|------------------------------------|
G|-------5---------4------------------|
D|------------------------------------|
A|------------------------------------|
E|------------------------------------|


E|------------------------------------|
B|------------------------------------|
G|-------2-----4------2---------------|
D|------------------------------------|
A|------------------------------------|
E|------------------------------------|


E|------------------------------------|
B|------------------------------------|
G|----0-------------0-----------------|
D|------------4-----------------------|
A|------------------------------------|
E|------------------------------------|
```

```
E|————————————————————————————————|
B|————————————————————————————————|
G|————————————————————————————————|
D|————2————————0——————————————————|
A|————————————————————————————————|
E|——————————————————————————3—————|


E|————————————————————————————————|
B|————————————————————————————————|
G|——————————0—————————4———————4———|
D|————0———————————————————————————|
A|————————————————————————————————|
E|————————————————————————————————|


E|————————————————————————————————|
B|——————————3—————————————————————|
G|————2———————————————————————————|
D|————————————————————————————————|
A|————————————————————————————————|
E|————————————————————————————————|
```

```
E|-----------------------------------|
B|-----------------------------------|
G|-------5---------4-----------------|
D|-----------------------------------|
A|-----------------------------------|
E|-----------------------------------|


E|-----------------------------------|
B|-----------------------------------|
G|-------2---------4---------2-------|
D|-----------------------------------|
A|-----------------------------------|
E|-----------------------------------|


E|-----------------------------------|
B|-----------------------------------|
G|-----0---------------0-------------|
D|------------4----------------------|
A|-----------------------------------|
E|-----------------------------------|
```

```
E|————————————————————————————|
B|————————————————————————————|
G|————————————————————————————|
D|———2————————0———————————————|
A|————————————————————————————|
E|———————————————————————3————|
```

Our Beautiful Nation

Key of B major

```
E|-------------------------------------------------|
B|-------------------------------------------------|
G|-----------------------4-------------------------|
D|------------4------------------------------------|
A|-----2-------------------------------------------|
E|-------------------------------------------------|
```

```
E|-------------------------------------------------|
B|--------4----------------------------------------|
G|-----------------------0------------4------------|
D|-------------------------------------------------|
A|-------------------------------------------------|
E|-------------------------------------------------|
```

```
E|--------------------------------------------|
B|--------------------------------------------|
G|-------------4------3------4----------------|
D|--------------------------------------------|
A|--------------------------------------------|
E|-----0--------------------------------------|


E|--------------------------------------------|
B|--------------------------------------------|
G|--------------------------------------------|
D|--------------------------------------------|
A|------------------------2-------------------|
E|--------------------------------------------|


E|--------------------------------------------|
B|--------------------------------------------|
G|-----------------------4--------------------|
D|---------------4----------------------------|
A|------2-------------------------------------|
E|--------------------------------------------|
```

```
E|-----------------------------------|
B|-------4---------------------------|
G|-----------------0---------4-------|
D|-----------------------------------|
A|-----------------------------------|
E|-----------------------------------|


E|-----------------------------------|
B|-----------------------------------|
G|------------4------3------4--------|
D|-----------------------------------|
A|-----------------------------------|
E|-----0-----------------------------|


E|-----------------------------------|
B|-----------------------------------|
G|-----------------------------------|
D|-----------------------------------|
A|-----------------2-----------------|
E|-----------------------------------|
```

Printed in Great Britain
by Amazon